ELOGE

DE P. CORNEILLE.

ELOGE

DE P. CORNEILLE;

Discourse qui a obtenu l'*Accessit*, au jugement de la Classe de la Langue et de la Littérature françaises;

Par L. S. AUGER.

> Homme loué, applaudi, admiré, dont les vers volent en tous lieux et passent en proverbe, qui prime, qui règne sur la scène, qui s'est emparé de tout le théâtre.
>
> Labruyère, *Discours à l'Acad.*

A PARIS,

Chez {
Xhrouet, imprimeur rue des Moineaux, n°. 16;
Deterville, rue du Battoir, n°. 16;
Petit, palais du Tribunat, galerie de pierre, n°. 229, près la galerie vitrée.

1808.

ÉLOGE

DE P. CORNEILLE.

Corneille n'étoit plus. Juste envers le mérite d'un frère à qui, pour se faire un beau nom, il ne manquoit que d'en porter un moins fameux, voulant d'ailleurs que ce nom, le grand nom de Corneille décorât une seconde fois sa liste (1), l'Académie française avoit donné pour successeur à l'auteur de *Cinna*, l'auteur d'*Ariane*. Le sort, qu'on n'accusera point ici d'avoir été aveugle et injuste, le sort choisit Racine pour accueillir le nouvel académicien, et payer à la mémoire du grand homme qu'on venoit de

(1) Racine, dans son discours pour la réception de Thomas Corneille, dit que l'Académie s'applaudissoit de voir sur la liste le *fameux nom* de Corneille, et qu'elle se félicite de pouvoir l'y placer une seconde fois.

A

perdre, le tribut accoutumé de louange et de regrets (1). Racine, à cette même place, dans ce même fauteuil où siége encore aujourd'hui le chef électif de l'Académie, prononça l'éloge de Corneille. Egal à son sujet par son génie, et surtout par cette noble équité, partage de la vraie grandeur en tout genre, il retraça dignement les glorieux travaux du fondateur de la scène française. Racine louant Corneille est sans doute un des plus beaux spectacles dont l'histoire des lettres puisse conserver le souvenir.

Ce même éloge que Racine a fait, l'Académie veut que de nouveau on le fasse devant elle. Qui ne seroit intimidé à l'aspect d'une tâche rendue si difficile, si redoutable ? Quelques pages d'un grand maître n'effaceront-elles pas toujours la plus longue composition d'un obscur disciple des lettres ? Mais rassurons-nous ; ayons moins de crainte, ou plutôt moins d'orgueil. La supériorité de Racine est trop grande pour être décourageante et dangereuse. Elle ne nous interdit pas seulement tout espoir de l'égaler, encore moins de le vaincre ; elle ne permet

____

(1) Les directeurs de l'Académie étoient élus par le sort. *Voyez* Pélisson.

pas même que nous soyons soupçonnés d'avoir voulu nous mesurer avec lui; et soyons-en certains, il ne sera point fait de comparaison là où il ne peut y avoir de concurrence.

Le génie de Corneille est, pour ainsi dire, infini. Racine a voulu, a pu l'embrasser d'un coup d'œil : il nous reste à en parcourir, à en mesurer avec soin l'immense étendue, à en interroger, à en sonder attentivement toutes les profondeurs. Cent ans des plus nobles jouissances dus aux chefs - d'œuvres de Corneille depuis sa mort, sont une dette que Racine n'a pu payer pour nous, et qu'il faut que notre siècle acquitte. Enfin, s'il est vrai que Racine ait dû à Corneille quelque chose de son talent, le beau discours où l'un a loué l'autre, sans pouvoir s'y nommer lui-même, n'est-il pas un éloge incomplet, et ne doit-on pas à la gloire de Corneille d'y ajouter aujourd'hui ce trait si propre à l'embellir ?

S'il est dans les arts et dans les lettres une gloire qu'aucun siècle, aucun peuple ne puisse nous disputer, devant laquelle soient forcés de se taire, et les prétentions jalouses des autres nations et les préjugés opiniâtres des fanatiques adorateurs de l'antiquité, c'est sans contredit la gloire du théâtre. Le théâtre , ce sujet légitime de notre orgueil, fait aussi nos plus chères délices. Toutes les classes de ci-toyens , même celles qui sont le moins tou-chées des productions de l'esprit, vont, dans nos spectacles , verser de douces larmes au récit des illustres infortunes, ou rire avec une ma-lice innocente devant le tableau des ridicules de l'homme et de la société. Ici le cœur se nour-rit des sentimens les plus élevés et les plus généreux : là l'esprit se forme dans l'art des bienséances les plus délicates; et ces plaisirs utiles, après avoir rapproché les hommes par le lien d'une jouissance commune , vont encore dans nos cercles fournir une intéressante ma-tière aux entretiens les plus ingénieux. Vous avez demandé , Messieurs, l'éloge de Corneille. Cet éloge, je l'ai déjà commencé , puisque déjà j'ai vanté la supériorité et les bienfaits du théâtre , dont le grand Corneille est le père.

Dans la capitale d'une province voisine, un jeune homme que son ami conduit chez sa maîtresse, devient son rival et se fait préférer. Doublement charmé d'un succès où le cœur et l'amour-propre trouvent également leur compte, il pense que cette aventure pourra figurer agréablement sur la scène, et il en compose une comédie. Ce jeune homme étoit Corneille; cette comédie fut *Mélite*, et *Mélite* est le premier pas qu'ait fait dans la carrière à peine ouverte de l'art dramatique, celui qui devoit en poser les dernières bornes. L'amour à qui les hommes doivent tant de bonheur, ne signala jamais son pouvoir par un plus doux bienfait.

Quel majestueux spectacle va se dérouler sous nos yeux ! Nous allons voir le grand Corneille se lever du sein des ténèbres, se dégager par degrés des nuages qui l'entourent, briller au milieu du jour que lui-même a formé, d'une splendeur vive et pure que l'œil supporte à peine, ensuite se dérober quelquefois aux regards, pour reparoître avec un nouvel éclat, et bientôt, parvenu à son déclin sans avoir achevé sa carrière, se précipiter dans une nuit anticipée, une nuit profonde que quelques pâles rayons percent par intervalles, comme pour attester la présence de l'astre sur l'horizon, quand sa lumière en a déjà disparu.

Mais tandis que Corneille encore obscur est confondu dans la foule des contemporains de sa jeunesse, arrêtons-nous un moment à le considérer. Si nous voulons calculer la hau-

teur de son vol, reconnoissons le point d'où
il est parti. Voyons de combien il s'est élevé
d'abord au-dessus de tout ce qui l'environnoit:
nous verrons de combien ensuite il s'élève au-
dessus de lui-même, et nos foibles yeux le sui-
vront, s'ils peuvent, dans ce rapide et sublime
essor d'où il domine tous les temps et tous les
lieux.

Quelques imitations serviles de la tragédie
antique où les belles formes de la langue grecque
étoient ridiculement travesties dans un idiôme
encore barbare (1); quelques comédies où la
licence d'Aristophane et de Plaute étoit plus
fidèlement retracée que leur ingénieuse gaîté (2);
tel avoit été, vers le milieu du seizième siècle,
l'état du théâtre en France. Ces commence-
mens, tout grossiers qu'ils étoient, avoient pu
faire présager des progrès sûrs et même assez

---

(1) La *Cléopâtre* et la *Didon* de Jodelle; le *Jules-
César* de Grevin; l'*Antigone* de Baif; les *Troyennes*
de Jean de la Taille; la *Médée* de Jean de la Pé-
ruse, etc.

(2) L'*Eugène* et la *Rencontre* de Jodelle; les *Ebahis*
et la *Trésorière* de Grevin; la *Reconnue* de Belleau;
les *Esprits* de la Rivey; le *Brave* et l'*Eunuque* de
Baif, etc.

rapides : les anciens nous avoient mis dans la bonne route, et mieux suivis, ils nous y auroient peut-être fait marcher à grands pas. Mais il étoit du sort de tous les arts, après s'être élancés hors du chaos de la barbarie sous les règnes de François Ier et de Henri II, de s'y replonger durant ceux de leurs tristes successeurs (1); déplorable effet des guerres civiles et religieuses qui désoloient alors la France ! A Jodelle, à Grevin, à Baïf, à Garnier, avoit succédé Hardi qui, dédaignant les anciens, ou ne les connoissant pas, violoit toutes les règles et surtout celles de la bienséance, confondoit les deux seuls genres véritables en un genre monstrueux qui les dénaturoit l'un et l'autre (2), remplaçoit l'ennuyeuse simplicité de ses devanciers par une fatigante complication d'événemens bizarres , et doué d'une fécondité que nous n'appellerons pas prodigieuse, fournissoit lui seul aux plaisirs de toute une nation avide de spectacles

---

(1) On sait combien cela est vrai de la peinture, de la sculpture, de la ciselure, etc.

Jodelle, Grevin, Baïf, Belleau et autres florissoient sous Henri II.

(2) La tragi-comédie.

et de nouveautés (1). Hardi vieillissoit, et son exemple enfantoit de jeunes poëtes qui sembloient destinés seulement à la gloire de l'égaler. Mais enfin *Mélite* avoit paru.

Depuis les informes essais de Jodelle et de quelques autres, la comédie avoit été entièrement abandonnée (2). Elle s'étoit, pour ainsi dire, fondue dans la tragédie que ce mélange déshonoroit en pure perte : l'ignoble farce et la fade pastorale, empruntées toutes deux aux Italiens, la remplaçoient sur notre scène. Corneille commença donc par y rétablir le genre. On le verra plus tard y fonder la véritable comédie, la comédie de caractère, et en fournir le premier modèle à Molière qui devoit s'y créer une si grande gloire.

Comparée aux meilleures pièces du temps, *Mélite* étoit un chef-d'œuvre, et l'auteur de ce foible ouvrage ne pouvoit être qu'un homme supérieur. Dans un temps où tous les genres

---

(1) Hardi a fait six ou huit cents ouvrages pour le théâtre : la plupart, dit-on, ne lui coûtoient pas plus de huit jours de travail. Il fournissoit de pièces une troupe errante de comédiens qui l'appeloient *leur auteur*.

(2) Il s'étoit passé plus de trente ans avant *Mélite* sans qu'on eût donné une seule comédie véritable.

étoient confondus et dénaturés sur la scène, Corneille ne put apparemment reconnoître d'abord à quel genre son génie l'appeloit. Comment expliquer autrement pourquoi le père de la tragédie française montra tant de fois sur le théâtre les personnages et les aventures de la comédie, avant d'y faire paroître les héros de la fable ou de l'histoire ? A la vérité il fit *Clitandre*, *Clitandre* fut son second ouvrage ; mais ce monstre dramatique, décoré du nom de tragédie, promettoit bien moins encore l'auteur de *Cinna*, que toutes ces comédies imparfaites, où l'on peut ne voir que les méprises d'un génie naissant encore inconnu à lui-même. De *Clitandre* à *Médée* seulement, l'intervalle est d'un siècle. Soyons justes cependant ; et *Clitandre* et *Mélite*, et tous ces autres essais que notre goût dédaigne, notre raison doit savoir les admirer. Corneille seul a pu les faire : seuls ils ont pu former Corneille. Ils lui ont appris à se soumettre au joug des règles, à entrelacer sans confusion et à démêler sans effort les fils nombreux d'une intrigue compliquée, à purger le théâtre de ces insipides jeux de mots, de ces pointes misérables qui choquoient le bon sens et le bon goût, de ces étranges libertés de discours et de geste qui offensoient la morale et ne peignoient point les mœurs. En exerçant sur des idées frivoles ou subtiles cette adroite vigueur de dialectique, cette énergique concision de style que la nature lui avoit départies, il se préparoit à ces belles scènes où l'importance du sujet, la solidité du raisonnement et la vivacité du dialogue forment un ensemble si admirable. Le talent de Corneille avoit subi toutes ses épreuves, reçu toutes ses leçons. L'écolier avoit disparu, le maître alloit se montrer. Il fit *Médée*, et le fameux *Moi*, qui révéloit un grand caractère, révéla aussi un grand génie.

Ce génie se fit voir tout entier dans le *Cid*; ce *Cid* qui, depuis près de deux cents ans, fait couler des larmes d'attendrissement et d'admiration; ce *Cid* dont le triomphe doit être éternel, puisqu'il est fondé sur celui des sentimens les plus nobles et les plus touchans, la piété filiale, l'amour et l'héroïsme. Corneille étoit trop supérieur à ses contemporains; leur goût ne sut peut-être pas apprécier tout le talent du poëte; mais leur cœur fut vivement pénétré des beautés de l'ouvrage. L'enthousiasme fut à son comble :

Tout Paris, pour Chimène, eut les yeux de Rodrigue (1).

____

(1) Vers de Boileau, *Epître à Racine*.

Ce ministre-roi, sous qui trembloit son maître, qui voyoit la France à ses pieds, et mettoit l'Europe en mouvement, fut jaloux d'un poëte et alarmé du succès d'une tragédie. On eût dit qu'il craignoit de n'être plus le premier homme de son siècle. Lui-même il aspiroit aux triomphes de la scène ; mais le génie de la politique n'est pas celui des lettres ; le grand ministre étoit un mauvais écrivain, et son caractère, quelle qu'en fût l'élévation, n'étoit pas supérieur aux foiblesses de l'envie. Il déchaîna contre le *Cid* les basses fureurs d'un Scudéry, ce matamore littéraire, dont on méprisoit justement les ouvrages, et qui vouloit s'en venger par des cartels qu'on méprisoit encore (1). On vit Richelieu (quelle vile passion que la jalousie et combien elle dégrade !) on vit Richelieu faire cause commune avec Colletet, Claveret, et tout cet amas de ridicules auteurs dont l'éclat imprévu du *Cid* offensoit les yeux, et dont tous les honneurs passés s'évanouissoient devant cette gloire naissante. Mairet lui - même, ami du grand homme persécuté, digne de notre

____

(1) Il parloit sans cesse de sa noblesse et de sa vaillance. Il envoya un défi à Corneille, qui n'y répondit que par des mépris et des chefs-d'œuvres.

estime par une *Sophonisbe* que le *Cid* effaçoit (1), mais que Corneille n'a point égalée en traitant depuis le même sujet ; Mairet n'eut pas honte de se joindre aux détracteurs du chef - d'œuvre nouveau. Rotrou seul refusa d'en grossir le nombre; mais Rotrou avoit du génie et une grande âme : il fit *Venceslas*, et il mourut victime de son dévouement pour ses concitoyens (2). L'Académie française, fondée par le ministre, et chargée par lui de faire la critique du *Cid*, se couvrit d'une gloire qui dure encore , en osant remarquer quelques beautés dans un poëme qui en est rempli, et y relever avec modération des fautes qui ne s'y trouvent pas toutes. Tant de ligues furent inutiles , tant d'efforts furent vains. Celui qui avoit pu abattre l'orgueilleuse et puissante maison d'Autriche , ne put réussir à faire tomber une pièce de théâtre. La France entière retentit des applaudissemens donnés au *Cid;* tout ce qui étoit beau fut comparé au

---

(1) La *Sophonisbe* de Mairet précéda le *Cid* de quelques années.

(2) Rotrou, lieutenant civil de Dreux , refusa d'abandonner cette ville que désoloit une maladie épidémique, en fut lui-même attaqué, et mourut à quarante ans.

Cid (1) ; le *Cid* fut traduit dans toutes les langues de l'Europe ; l'Espagne elle-même , déposant sa fierté naturelle, consentit à recevoir, embelli par le génie de Corneille, ce même *Cid* dont elle étoit si vaine de lui avoir fourni le sujet (2).

Qui pourroit calculer l'influence du *Cid* et ses résultats ? Il est la base sur laquelle pose et s'élève, comme un majestueux édifice, tout le théâtre de Corneille, j'ai presque dit tout le théâtre français. Corneille, à l'effet que cet ouvrage a produit sur les autres, plus encore peut-être à l'effet qu'il a produit sur lui-même, Corneille sent qu'il a trouvé la tragédie et qu'il est né pour elle : dès ce moment il résout d'y consacrer tout son génie. De la hauteur où il vient de se placer, il découvre le vaste champ qu'il doit parcourir, il marque d'avance la route qu'il doit y suivre.

Deux sentimens puissans, la nature et l'amour, régnoient d'accord dans le cœur de deux amans : tout à coup l'un vient à combattre l'autre ; la

----

(1) Dans plusieurs provinces de France, il étoit passé en proverbe de dire : *Cela est beau comme le Cid.* Fontenelle , vie de Corneille.

(2) Le *Cid* de Corneille fut traduit en espagnol, quoique emprunté de Guillen de Castro et de Diamante.

nature emporte la victoire. Rodrigue et Chimène s'adoroient, s'adoreront toujours; mais Rodrigue venge son père outragé en donnant la mort au père de sa maîtresse, et Chimène veut venger le sien en demandant la mort de son amant. Ce triomphe de l'honneur et de la piété filiale sur l'amour ; cet amour qui, des deux côtés, s'immole sans balancer; qui, conservant toutes ses forces, et même en puisant de nouvelles dans son sacrifice, rougiroit de le révoquer un seul instant, et presque d'en gémir, voilà ce qui toucha les cœurs en les élevant, ce qui fit verser des larmes aussi pures que le sentiment qui les faisoit naître. La plus délicate, la plus profonde théorie de l'honneur et de la vertu est connue de ceux-là mêmes qui n'en pratiquent point les plus simples devoirs, et nous savons d'autant mieux admirer les belles actions, qu'il semble que par-là nous compensions le tort de ne les point imiter. Corneille s'apperçut, avec une joie véritable, que la vue de ces combats généreux, de ces victoires vertueuses, dont son âme noble et forte concevoit sans peine le charme quelquefois douloureux, et dont elle eût donné l'exemple au besoin, agissoit presqu'aussi puissamment sur l'âme des spectateurs, que le tableau des

misères et des foiblesses illustres (1). Dès-lors
abandonnant la *terreur* à ces sujets antiques ,
où l'on voit un prince , victime marquée
d'avance par la fatalité , se débattre sans vertu
et succomber sans crime sous sa main irrésis-
tible, ne renonçant point à la *pitié*, mais la
la réservant pour l'innocence qui se sacrifie
elle-même, Corneille se décide à employer principalement le beau ressort , le ressort moral de
l'*admiration.* Il veut agrandir , enflammer ,
épurer les cœurs que les autres déchirent ou
amollissent. Cependant où puisera-t-il ses sujets ? il ne les puisera ni dans son imagination ,
ni dans la fable. Des actions sublimes seroient ,
de toutes les fictions , les plus invraisemblables :
ce n'est pas trop pour elles d'être des réalités
et d'avoir le témoignage de l'histoire. L'histoire
est remplie d'un peuple qui , foible ramas de
bandits à son origine, mais poussant l'amour
du pays jusqu'au fanatisme , et l'estime de soi-

---

(1) Corneille dit en parlant de *Nicomède :* « Le suc-
» cès a montré que la fermeté des grands cœurs , qui
» n'excite que de l'admiration dans l'âme du specta-
» teur , est quelquefois aussi agréable que la compassion
» que notre art nous ordonne d'y produire par la repré-
» sentation de leurs malheurs ».

même jusqu'au mépris le plus féroce pour les autres , se rendit à la fin maître de l'univers. C'est dans les annales de ce peuple , annales si fécondes en traits d'héroïsme et de magnani-mité , que Corneille ira prendre ces grands personnages qu'il doit agrandir encore. S'il est un sentiment qui l'emporte sur l'amour de la patrie et de la gloire, qui élève davantage l'hu-manité au-dessus d'elle-même , qui enfante des héros plus courageux, des victimes plus rési-gnées, c'est le zèle d'une religion naissante et persécutée. Le peintre des Romains peindra donc aussi quelquefois les Chrétiens des pre-miers âges (1).

Quatre ans se sont écoulés pendant lesquels la réflexion a mûri dans la tête de Corneille ces hautes et fécondes pensées (2). Son génie s'est enrichi des trésors de l'histoire ; ses sujets sont trouvés, ses couleurs préparées ; il tient ses pinceaux. Nous allons voir éclore sous sa main, se succéder rapidement , s'accumuler les unes sur les autres toutes ces compositions plus ou moins heureuses, auxquelles la fertilité de son

____

(1) Dans *Polyeucte* et dans *Théodore*.

(2) Du *Cid* aux *Horaces*, Corneille a mis un inter-valle de quatre années.

imagination

imagination a donné des formes si différentes, mais qui, dans leur étonnante variété, portent toutes l'empreinte d'une idée unique et principale, et, pour ainsi dire, d'un même type. Ici, un jeune Romain ne veut plus reconnoître son ami, celui qui alloit doublement s'unir à sa famille, depuis qu'une cité rivale l'a nommé pour soutenir ses droits contre Rome ; son père, citoyen non moins passionné, le dévoue lui-même à l'opprobre et à l'exécration publique, lorsque, trompé par un rapport infidèle, il croit qu'il a préféré la fuite à la mort : tous deux immolent leurs plus tendres affections à l'amour de la patrie (1). Là, le maître de Rome et de l'univers, contre les jours de qui avoient conspiré deux amans comblés de ses bienfaits, dont l'un devoit la vie à sa clémence, et l'autre avoit trouvé en lui les soins et l'amour d'un père, leur pardonne, les accable de bienfaits nouveaux, et sacrifie ainsi, à la plus noble des vertus, la plus juste des vengeances (2). Là, un chrétien puissant et honoré, pour signaler sa foi récente, renonce à la vie, à la possession d'une épouse adorée ; il fait plus, il la résigne à celui qui eut ses pre-

_____

(1) *Horace.*
(2) *Cinna.*

B

miers soupirs, et que peut-être elle aime encore ; fidèle à sa tendresse, mais non moins
fidèle à son devoir, cette femme exigeant de
son amant qu'il protége, en dépit de ses propres
fureurs, un rival obstiné qui veut périr, dé-
truit par-là jusqu'aux secrètes espérances qui
pourroient s'élever, malgré elle, dans son
cœur ; et son amant généreux s'efforce de conserver une vie qui doit faire le supplice de la
sienne (1). Là, le vainqueur de Pharsale punit
par des mépris et des reproches sanglans le
monarque infidèle qui a osé trancher les jours
d'un grand homme dont la perte lui assure
l'empire du monde ; il pleure son ennemi in-
dignement assassiné ; et la veuve du héros qui
brûle de le venger sur son heureux rival,
avertit celui-ci du lâche complot qu'on a tramé
contre lui-même (2). Plus loin, deux frères
qu'une couronne encore incertaine entre eux et
une maîtresse chérie de tous deux à la fois
devroient doublement désunir, en resserrent
d'autant plus les nœuds de leur tendresse mu-
tuelle ; plutôt que de demander un partage
qui, faisant perdre à l'un ses droits à la puissance, ne dédommageroit pas l'autre du sort

____

(1) *Polyeucte.*
(2) *La Mort de Pompée.*

le plus affreux , chacun d'eux consent à
trouver , dans le double bonheur de son frère,
de quoi se consoler d'une double infortune;
et celui qui a le malheur de survivre , vou-
droit racheter les jours de l'autre , au prix du
sceptre et de l'épouse, qui sont devenus son
héritage (1). Plus loin , deux jeunes héros ,
l'un fils d'un infâme usurpateur , et l'autre
du vertueux souverain que celui - ci a fait
tomber sous ses coups, disputent entre eux devant le tyran, pour qui leur véritable naissance
est un secret impénétrable, à qui ne sera point
l'héritier d'un trône acquis ar le crime; et ils
ne briguent le droit de monter sur ce trône ,
que pour avoir le droit de descendre au tom-
beau (2). Ailleurs, un jeune prince, élève des
Romains, délivre de leurs chaînes un disciple
d'Annibal, un frère qui l'avoit accablé de sa
supériorité bien plus encore que de ses dédains; et par cette noble vengeance, il se prive
d'un royaume et d'une maîtresse que la cap-
tivité de son rival mettoit en sa possession (3).
Ailleurs encore , de deux illustres Romains qui
combattoient entre eux pour la liberté ou l'es-

____

(1) *Rodogune.*
(2) *Héraclius.*
(3) *Nicomède.*

clavage de la terre, l'un immole aux mânes
de l'autre le perfide lieutenant qui vient de lui
ôter la vie, et il livre aux flammes l'écrit qui
pourroit lui faire connoître de nombreux ennemis de ses jours et de sa grandeur, sur lesquels il a désormais tout pouvoir (1).

Combien je pourrois prolonger encore cette
suite d'admirables tableaux où l'on voit par-
tout l'amour, l'ambition, la vengeance, ces
passions auxquelles l'homme sacrifie tout, se
sacrifier elles-mêmes à l'honneur, au devoir,
à la vertu! mais qu'est-il besoin d'autres
exemples? A quels traits plus nombreux, plus
marqués reconnoîtra-t-on l'existence d'un grand
système? et le mérite sublime, le succès cons-
tant des ouvrages qui en sont le résultat
et la preuve, n'en attestent-ils pas suffisam-
ment l'excellence?

N'allons pas croire cependant que Corneille,
inventeur du ressort de l'admiration, n'ait pas
su employer les autres, ou ait dédaigné d'en
faire usage. Le vrai génie a des idées domi-
nantes; mais il n'en a point d'exclusives. L'art
n'est pas trop vaste pour lui : loin qu'il veuille
le resserrer dans un cercle plus étroit, il tend

____

(1) *Sertorius.*

sans cesse à en reculer les limites. Quelle terreur profonde règne dans *Héraclius* et surtout dans ce cinquième acte de *Rodogune*, l'un des plus beaux, le plus beau peut-être de la scène tragique ! Mais ce n'est point, je le dis encore, cette terreur de la tragédie grecque, fondée sur les crimes nécessaires et les calamités inévitables de quelques personnages, de quelques familles dévouées par le caprice d'une divinité barbare aux horreurs les plus monstrueuses. C'est la terreur qu'inspirent les forfaits volontaires et les châtimens mérités qu'ils attirent sur la tête des coupables. L'une ne fait sur l'âme qu'une impression passagère et stérile, quand elle n'est pas dangereuse et sacrilége : les traces profondes que l'autre laisse dans le cœur y gravent des leçons salutaires. Il eut sans doute aussi le don d'émouvoir, d'attendrir, de faire couler les larmes de la pitié, celui qui traça les scènes douloureuses de Rodrigue et de Chimène, de Sévère et de Pauline. A la vérité, il fut vaincu dans cet art, si l'on en juge par le nombre des triomphes plutôt que par leur éclat. Mais cet art même, qui l'avoit enseigné à Racine, ou du moins qui lui en avoit fourni le premier modèle ? c'est Corneille. Racine que ce grand maître avoit précédé en tout, voulut d'abord, on le sait, marcher sur ses traces dans le sentier difficile de la tragédie *admirative* (1); mais il désespéra sans doute de l'y atteindre, et il renonça bientôt à une vaine poursuite. Son génie lui indiqua une autre route; il y trouva encore Corneille pour devancier et pour guide; mais cette fois il le laissa derrière lui, ou plutôt il remplit de ses nombreux trophées cette carrière nouvelle où Corneille n'avoit tenté que deux fois la victoire et l'avoit deux fois remportée. La fausse grandeur d'*Alexandre* est une sorte d'hommage rendu à l'auteur vraiment sublime des *Horaces* et de *Cinna*; mais qui pourroit voir dans la douleur touchante d'Andromaque, de Monime ou d'Iphigénie, un avantage obtenu sur l'homme qui a créé le rôle attendrissant de Pauline?

Cependant pourquoi ce même homme a-t-il si souvent fait parler à l'amour un langage que le cœur semble n'avoir pas dicté? Pourquoi la plus naturelle, la plus éloquente des passions s'exprime-t-elle dans la plupart de ses

---

(1) *Admiratif* s'entend de ce qui exprime l'admiration et non pas de ce qui l'excite; mais j'ai osé l'employer dans ce dernier sens à cause de la précision et parce que l'usage semble vouloir le consacrer.

ouvrages, tantôt avec une ingénieuse, mais froide subtilité, tantôt avec une galanterie fade ou du moins recherchée, quelquefois même avec une coquetterie peu décente? C'est que, pour bien peindre l'amour, ce mélange inexplicable de force et de foiblesse extrêmes, pour exprimer avec vérité ses transports, ses caprices, ses délicatesses, il faut avoir eu le cœur troublé de tous ses orages, enivré de toutes ses délices; et tout nous porte à croire que l'âme énergique et pure de Corneille, si elle ne fut pas insensible à ses douceurs, resta du moins inaccessible à ses tourmens (1). Il voulut que cette passion qui ne dominoit point dans son âme, ne dominât pas non plus dans ses ouvrages (2). Ne trouvant pas au-dedans de lui-même les véritables traits de l'amour profond et impétueux, il en alla chercher la fausse image dans une observation superficielle de la société et plus encore dans la lecture de certaines

____

(1) Fontenelle dit dans la vie de Corneille que *son tempérament le portoit rarement aux grands attachemens.*

(2) Corneille dit dans une lettre à Saint-Evremont, qu'*il croit que l'amour est une passion trop chargée de foiblesse pour être la dominante dans une pièce héroïque.*

fictions alors chéries du public, et qui ne re-présentoient qu'un monde imaginaire. Corneille composa la plupart de ses tragédies sous l'orageuse minorité de Louis XIV, et, comme on sait, les héros et les héroïnes de la Fronde allioient sans cesse les intrigues de la galanterie à celles de la politique. Corneille sembla les prendre pour modèles, lorsqu'il mit dans l'âme de ses personnages ce mélange d'amour et d'ambition où souvent la première de ces passions paroît n'entrer que comme un moyen de faire réussir les projets de l'autre. Ensuite l'influence du théâtre espagnol qui pendant long-temps avoit fourni au nôtre la plupart de ses sujets, celle des romans héroïques dont la nation faisoit alors ses délices, celle enfin de ces cercles fameux où l'on soutenoit thèse sur l'amour avec toutes les formes de la scolastique, trouvèrent l'esprit élevé et raisonneur de Corneille naturellement disposé à admirer et à imiter ces ardeurs respectueuses de héros qui ne subjuguoient la terre que pour être esclaves de deux beaux yeux, ces tendresses superbes de princesses qui pour prix d'un regard plus doux exigeoient d'extravagans sacrifices, et ces longues conversations d'où le naturel et le sentiment étoient bannis pour faire place à la recherche et à l'argumentation. Qu'il est difficile, qu'il est rare d'empêcher de naître en soi ces défauts séduisans dont on a le germe dans ses plus estimables qualités, lorsque tout conspire à développer ce germe, l'exemple des succès, le besoin d'en obtenir et le goût de tout son siècle ! Plus heureux, Racine né pour l'amour, long-temps soumis à ses lois et formé par ses leçons, écrivant sous les regards d'un jeune roi qui l'avoit aussi pour maître, fréquentant une cour aimable et voluptueuse, où ce sentiment, dégagé désormais de tout mélange profane de politique et d'ambition, régnoit seul et s'embellissoit du charme des plus nobles bienséances, Racine instruit d'ailleurs par les fautes mêmes de Corneille, sut, avec un art admirable, faire entrer dans ses écrits la passion dont son cœur étoit plein et dont autour de lui tout offroit le modèle. Il fut sublime dans la peinture d'une foiblesse, comme Corneille l'avoit été dans la peinture de l'héroïsme.

C'est une chose remarquable dans l'histoire des arts, que cette secrète, mais puissante affinité du génie avec les productions qu'il doit préférer, les modèles qu'il doit suivre, les sujets qu'il doit choisir. La nature du génie de Corneille se composoit de grandeur et de force.

Nous voyons ces deux traits profondément empreints dans ses goûts , dans ses ouvrages considérés sous le double rapport de la matière et de l'exécution , dans les beautés de ces mêmes ouvrages , et jusque dans leurs défauts.

La littérature espagnole dominoit en France; une reine l'y avoit apportée ; et ce qui n'avoit été d'abord qu'un moyen de plaire à l'usage des courtisans , étoit devenu une ressource précieuse pour nos écrivains. Ils y puisoient, sans choix , les intrigues follement compliquées et les idées ridiculement gigantesques qu'ils produisoient sur le théâtre. Corneille, au contraire, sut y démêler des conceptions et des pensées vraiment grandes et fortes , et il se les rendit propres avec d'autant plus de facilité et de bonheur, qu'il y avoit plus de rapport entre la nature de ces emprunts et celle de ses richesses personnelles. C'est ce même rapport qui déterminoit aussi, comme à son insçu , l'espèce de prédilection qu'il avoit pour Lucain et pour Sénèque le tragique , écrivains toujours élevés , mais dont l'élévation se perd souvent au-delà des bornes de la grandeur véritable. Corneille se plut à les suivre ; il atteignit sans peine à leur sublimité,

heureux si quelquefois il ne s'étoit pas laissé
emporter jusqu'à leur exagération!

Les luttes entre puissances rivales, les chan-
gemens de gouvernement et de princes, les
coups d'état, les crimes commis pour conserver le pouvoir, les efforts tentés pour recou-
vrer la liberté, en un mot ce qui fait le destin
de tout un peuple ou même du monde entier,
tels sont les grands intérêts qu'un instinct caché
de vigueur et de sublimité, bien plutôt qu'un
calcul volontaire du talent, commandoit à
Corneille d'étaler de préférence sur la scène; et
ce qui prouve invinciblement cette impulsion
naturelle vers les plus hauts objets, c'est que
le même homme qui souvent s'élève au-dessus
d'eux, souvent aussi reste au-dessous des objets
d'un ordre inférieur, comme s'il ne pouvoit
ni mesurer ni employer ses forces quand il
ne s'agit pas de franchir un immense inter-
valle.

Quel peuple, par sa grandeur et son énergie, répondoit plus à l'énergie et à la grandeur
du génie de Corneille, que le peuple romain?
Aussi est-ce pour lui qu'il a le plus souvent
employé ses pinceaux (1). On a dit qu'il sem-

____

(1) Corneille a mis neuf fois les Romains sur la
scène, principalement ou accessoirement.

bloit avoir eu des mémoires particuliers sur les Romains (1). Non, il ne les a pas mieux connus qu'un autre ; mais il les a mieux sentis *Nom romain, vertu romaine*, ce sont-là des idées dont lui seul paroît avoir conçu toute l'étendue ; et c'est moins dans l'histoire que dans son génie qu'il en a trouvé la mesure pour ainsi dire surhumaine. Long-temps la hauteur simple et majestueuse du caractère romain parut suffire à celle de son talent ; mais comme s'il eût voulu s'élever lui-même au-dessus de ses héros, ou plutôt, comme si le despotisme des maîtres du monde avoit à la fin fatigué son âme indépendante et fière, il résolut de les abaisser à leur tour en faisant plus grand qu'eux encore, et il fit *Nicomède.*

Ce qui distingue le génie du talent, c'est le don de créer ; ce qui distingue le génie du génie même, c'est le nombre et la variété des créations. Que l'on parcoure l'histoire de toutes les littétures, et, j'ose l'assurer, on n'y rencontrera pas un seul homme qui ait possédé cette sublime prérogative à un plus haut degré que Corneille. Rassemblons, comme en un foyer, tous les

---

(1) C'est Fontenelle qui le dit dans la vie de Corneille.

rayons épars de sa gloire en ce genre, et nous en verrons jaillir une masse de lumière éblouissante. La tête de Corneille étoit éminemment dramatique. Si l'art du théâtre n'eût pas existé avant lui, on peut croire qu'il l'eût inventé. Il inventa du moins la tragédie, telle qu'il l'a traitée, la tragédie historique et admirative, et laissa seulement à Racine la gloire de perfectionner et d'approprier à nos mœurs la tragédie fabuleuse et pathétique des anciens. C'est aussi lui, nous l'avons vu, qui, après avoir retrouvé dans son imagination la comédie d'intrigue que depuis long-temps on avoit pour ainsi dire perdue, créa pour nous la comédie de caractère, et peut-être créa Molière lui-même, en lui offrant dans le *Menteur* un modèle dont l'*Etourdi*, composé dix années plus tard, n'est encore que l'imitation très-imparfaite (1). La comédie héroïque dut aussi son origine à Corneille : ce nouveau genre, demeuré stérile, n'en atteste pas moins la fécondité du génie qui l'a enfanté ; et *Don Sanche d'Arragon*, dont Molière emprunta quelques traits (2), n'en

---

(1) Voltaire dit : c'est probablement au *Menteur* que nous devons Molière.

(2) Dans les *Amans magnifiques.*

est pas moins un beau type qu'il seroit peut-être
difficile et glorieux d'imiter. Qui pourroit
méconnoître le germe, mais le germe déjà dé-
veloppé de la tragédie lyrique dans *Andromède*
et dans la *Toison-d'Or*, pièces où les héros de
l'histoire sont remplacés par les demi-dieux de la
fable, ainsi que le sublime par le merveilleux,
et où la poésie, la musique, la peinture et la mé-
canique unissent leurs prestiges pour enchanter
l'esprit, et surtout les sens ? Enfin, comme s'il
étoit du destin de Corneille, qu'aucune partie
de l'art du théâtre n'échappât à son instinct
créateur, et qu'il découvrît au moins par la
pensée les terres nouvelles où ses pas ne devroient point se porter, il imagina la possibilité
d'un genre où les personnages de la comédie
figureroient dans une action tragique; et ce
genre, dont rien n'avoit pu lui fournir l'idée,
mais que depuis un demi-siècle on a souvent
traité sous le nom de drame, partage aujour-
d'hui les honneurs de la scène française (1).

---

(1) Voici ce que dit Corneille dans l'épître dédica-
toire de *Don Sanche d'Arragon* : « S'il est vrai que
» la crainte ne s'excite en nous par la représentation
» de la tragédie, que quand nous voyons souffrir nos
» semblables, et que leurs infortunes nous en font ap-

Des gens d'un goût sévère l'ont condamné comme dangereux pour l'art : d'autres, d'un esprit plus étendu peut-être, n'ont point osé le proscrire, puisqu'il est fondé sur la nature et qu'il peut procurer de nouveaux plaisirs. L'opinion qu'on en doit avoir, seroit sans doute mieux fixée, si le génie qui l'a conçu le premier, avoit pris le soin de l'exécuter lui-même.

Combien cette faculté créatrice de Corneille n'éclate-t-elle pas encore dans la multiplicité de ses productions dramatiques, toutes si différentes les unes des autres, et n'ayant pas même entre elles l'air de famille le plus léger, à moins

---

» préhender de pareilles, n'est-il pas vrai aussi qu'elle
» y pourroit être excitée plus fortement par la vue des
» malheurs arrivés aux personnes de notre condition,
» à qui nous ressemblons tout à fait, que par l'image
» de ceux qui font trébucher de leurs trônes les plus
» grands monarques, avec qui nous n'avons aucun
» rapport qu'en tant que nous sommes susceptibles des
» passions qui les ont jetés dans ce précipice, ce qui
» ne se rencontre pas toujours »? Corneille avoit dit
avant ce passage : « Je ne comprends point ce qui dé
» fend à la tragédie de descendre plus bas (que les
» princes et les héros), quand il se rencontre dans
» l'histoire des actions qui méritent qu'elle prenne soin
» de les imiter ».

qu'on ne veuille le trouver dans l'air de grandeur qui leur est commun à toutes ! Quelquefois, mais rarement, son action est d'une simplicité qui feroit douter d'abord que tout l'art des
détails et toutes les richesses de l'élocution pussent
venir à bout de couvrir une trame en quelque
sorte aussi nue. Plus souvent, elle est d'une complication qui ne permet pas toujours à l'œil le
plus attentif de distinguer et de suivre sans
peine les fils multipliés qui en composent le tissu,
semblable alors à ces machines, produit d'un
calcul profond, dont le jeu, pour être aisé-
ment compris, exigeroit presque la même vigueur de tête qu'il a fallu pour en combiner
les ressorts. Avec quelle adresse cependant,
avec quelle facilité il dénoue l'intrigue dont il
a redoublé, dont il a serré si fortement le nœud !
Dans tous ces ouvrages d'une contexture si
variée, quelle variété de situations sublimes,
terribles ou touchantes, d'incidens habilement
ménagés, de caractères contrastés entre eux
sans effort, et toujours fidèles à leur propre
nature ! On a reproché à Corneille de n'avoir
su peindre qu'un peuple ; on l'a reproché aussi
à Racine : on l'a reproché injustement à tous
deux. Sans doute Corneille a particulièrement
réussi à peindre les Romains, et nous en avons

vu la cause. Mais, à l'exemple de ce peuple
conquérant, il a rendu l'univers entier tribu-
taire de son génie. N'a-t-il pas peint avec fidélité
la noble fierté des habitans de l'antique et de la
moderne Ibérie (1), la grandeur féroce des
barbares du Nord (2), et le despotisme jaloux
des barbares de l'Orient (3) ? On l'accuse d'avoir
de temps en temps négligé la vérité du costume ;
mais du moins il n'a jamais négligé celle de la
nature. Dans Corneille, qu'on me permette de
m'exprimer ainsi, dans Corneille le nu est toujours vrai; c'est la draperie seule qui quelque
foi; manque de naturel ou de grâce. Observons,
d'ailleurs, qu'au temps où il composoit ses chefs-
d'œuvres, les spectateurs du goût le plus éclairé
n'étoient point choqués de voir les héros de la
Grèce et de Rome sous les habits d'un courtisan
de Richelieu ou d'Anne d'Autriche ; et qu'il
existe entre le costume extérieur des représen-
tations et le costume moral des ouvrages dramatiques, un accord, disons mieux, une influence réciproque beaucoup plus puissante

---

(1) Dans le *Cid*, *Don Sanche d'Arragon*, et le rôle
de Viriate dans *Sertorius.*
(2) Dans *Pertharite* et *Attila.*
(3) Dans *Suréna.*

qu'on ne l'imagine. L'exactitude de l'un avertira
de la fidélité qu'on doit à l'autre, ou bien l'on
péchera contre tous les deux à la fois ; tant la
vue agit avec force sur l'esprit ; tant les sensa-
tions de l'une servent à diriger en secret les
opérations de l'autre !

C'est aussi une création que le style ; et sous ce
rapport qui a été plus créateur que Corneille ?
Dans l'enfance de l'art, ou plutôt dans ses temps
de barbarie, les styles sont encore plus confondus
que les genres. On fait du moins une distinc-
tion grossière entre la tragédie et la comédie :
la scène souillée de sang ou exempte d'événemens funestes, la condition élevée ou inférieure
des personnages servent à les faire reconnoître ;
et si on les mêle quelquefois, c'est à dessein
et par un raffinement bien digne d'une telle
époque. Mais, quelque différence qu'on fasse
entre elles, on les écrit toutes deux d'un style
absolument semblable ; et ce style est le comble
de la basse trivialité, de la vaine bouffissure,
de l'indécence et du mauvais goût. Tel étoit le
style des prédécesseurs et même des premiers
contemporains de Corneille. Sans modèle, sans
guide, par la seule force de son génie, il s'éleva
jusqu'à cette diction sublime au-dessus de laquelle il n'y a plus rien. Tandis qu'il créoit les

formes majestueuses du dialogue tragique, par une souplesse de talent qu'on n'auroit pas crue conciliable avec tant de vigueur, il inventoit aussi les tournures piquantes de la conversation comique, et y semoit avec profusion de ces vers nés que la force du sens et le bonheur de l'expression destinoient à devenir les proverbes de la bonne compagnie. Plus tard, et à l'époque où le déclin de son talent se faisoit le plus sentir, il trouvoit, par un prodige plus grand encore, le véritable style de la scène lyrique dans cette pièce où, son génie secondant celui de Molière, il fit parler à l'amant de Psyché un langage digne du dieu de l'Amour, un langage dont Quinault lui-même n'a pas surpassé depuis le charme pénétrant et la douceur enchanteresse (1). Il ne régla pas seulement le premier les convenances du style dramatique suivant les genres et les personnages divers. Le premier aussi il ramena le dialogue à l'imitation fidèle de la nature, en substituant à ces harangues

---

(1) *Psyché*, dont le plan est de Molière et les quatre derniers actes de Corneille, est de 1671. Corneille avoit déjà donné *Agésilas* et *Attila*. Tout le monde sait par cœur l'admirable tirade qui commence ainsi :

Je le suis, ma Psyché, de toute la nature.

alternatives , remplies de lieux-communs , dont chaque interlocuteur attendoit la fin avec une patience qu'à son tour il alloit rendre si nécessaire à l'autre, en y substituant, dis-je, ces entretiens vraisemblables, où les personnages, tantôt paisibles, tantôt agités, selon leur situation, leur caractère ou leur passion , étendent ou resserrent leur discours, écoutent avec calme ou interrompent avec vivacité les questions et les réponses, et quelquefois pressent les unes et les autres avec une rapidité que l'esprit et l'oreille ont peine à suivre. Qui de nous, lisant dans Corneille de ces brillans assauts de passion ou de raisonnement, n'a pas désespéré cent fois qu'un personnage, pressé par tout ce que l'une ou l'autre a de plus victorieux, pût venir à bout d'échapper à sa défaite, et n'a pas laissé tomber le livre d'étonnement, en voyant les ressources imprévues que le poëte a su tirer de son génie pour changer la fortune du combat et donner la victoire à celui qui sembloit vaincu ? On peut assurer, sans craindre seulement d'exciter un doute, que Corneille n'a jamais été égalé dans cette belle et difficile partie de l'art. Mais que dirai-je, messieurs, de cette foule de traits sublimes qu'il faut renoncer à définir, qu'on ne suffit point à ad-

mirer, de ces traits où la puissance de la parole
est portée à sa plus grande hauteur possible ?
Ah ! c'est ici qu'il faut laisser parler Racine,
pour l'honneur de Corneille, pour l'honneur
de Racine lui-même. Ce grand homme, au
temps où déjà l'humilité du chrétien avoit
tempéré en lui l'orgueil du poëte, songeant sans
doute aux vers inimitables dont je viens de ré-
veiller en vous le souvenir, disoit à son fils :
*Mon fils, Corneille fait des vers cent fois plus
beaux que les miens* (1). La mémoire de Corneille ne se prévaudra point de cet aveu trop
modeste ; mais que du moins il lui soit permis
d'en être glorieuse.

C'étoit une coutume chez ces Romains si
bien peints par Corneille, qu'un esclave suivît
le char du triomphateur en lui disant : *Sou-
viens-toi que tu es homme.* J'ai proclamé Corneille le vainqueur de la barbarie, de la puissance, du temps, du génie même; je l'ai appelé
le créateur et presque le dieu du théâtre : je
dois dire maintenant quel tribut il a payé à
l'humanité par ses défauts; je dois rappeler ses

---

(1) C'est Racine fils qui rapporte ce mot dans les
Mémoires sur la vie de J. Racine. V. p. 189.

revers non moins nombreux que ses triomphes.
Que sa gloire se rassure, elle n'en sera point
ternie. En quoi *Théodore* ou *Pertharite* peu-
vent-ils obscurcir l'éclat si pur du *Cid* ou des
Horaces ? C'est la sincérité qui loue les grands
hommes; et leurs fautes sont les seules qu'il faille
remarquer, puisque ce sont les seules qui ren-
ferment de grandes leçons.

Les défauts de Corneille dérivent de la même
source que ses beautés ; ses erreurs sont d'autant
plus considérables qu'il emploie à s'égarer toute
cette force dont il se sert pour aller si avant dans la
route du vrai beau ; et ses chutes sont toujours
aussi profondes que son élévation a été sublime :
il tombe toujours, pour ainsi dire, de toute la
hauteur de son génie. Immédiatement après
Rodogune, immédiatement avant *Héraclius*,
Corneille (le croiroit-on ?) Corneille a fait
Théodore !..... Quel intervalle ! Quel abîme
entre deux points si élevés ! Non, je le sen
vivement, et vous entendrez avec gravité ce que
je dis avec candeur ; non, il n'étoit donné qu'à
Corneille de faire cette chute incommensu-
rable. Quel autre qu'un génie aussi hardi,
aussi puissant auroit osé, au mépris des lois
que lui-même avoit fondées, mettre sur la scène
une vierge timide et pure qui, pour ne pas

souiller sa main en offrant de l'encens aux faux Dieux, ne craint pas d'exposer son corps aux plus infâmes souillures? Il falloit l'excès de la déraison, ou celui de la confiance dans une force extrême pour tenter ce sujet impossible. Cette confiance fut trahie : le désastre fut proportionné à l'audace et à l'effort. L'athlète d'une stature et d'une vigueur commune peut perdre dans l'air un coup mal mesuré, sans que son corps chancelle et s'abatte ; mais le gigantesque et nerveux Entelle, portant un de ces coups qui doivent tout écraser, et ne rencontrant point la résistance qu'il cherche pour la vaincre, tombe entraîné par l'énorme poids de son bras, et va couvrir au loin la terre de sa chute (1).

Corneille étoit dans toute la force de son âge et de son talent quand il fit *Théodore* (2) : *Théodore* n'étoit encore qu'une grande erreur. Mais son génie eut une vieillesse hâtive, et cette vieillesse étoit réservée aux plus affli-

---

(1) *Entellus vires in ventum effundit, et ultrò*
Ipse gravis graviterque ad terram pondere vasto
Concidit.
Æneid, l. V, v. 446.

(2) *Théodore* est de 1646. Corneille, né en 1606, n'avoit encore que quarante ans.

C 4

geantes disgrâces. On l'a souvent remarqué, je
ne suis cependant pas dispensé de le remarquer
encore : par le progrès de l'âge, l'esprit et le
talent, comme le caractère, contractent ordi-
nairement les défauts qui ont le plus d'analogie
avec leurs qualités : ainsi l'élévation dégénère
en enflure, et la force en dureté. Cette ligne
délicate et fugitive, qui sépare ce qui est grand
de ce qui est outré, n'est plus apperçue par un
esprit dont les perceptions sont devenues moins
sûres en même temps que moins rapides. Mais
surtout cette séve onctueuse d'une âme jeune
encore, qui assouplit sa force et donne un
jeu libre à tous ses mouvemens, s'y dessèche,
s'y durcit bientôt, ainsi que dans nos mem-
bres, et le talent a perdu toute sa grâce
bien long-temps avant d'avoir perdu sa vigueur et son activité. Cette détérioration est
d'autant plus prompte, d'autant plus grande,
d'autant plus inévitable, que les qualités qu'elle
attaque sont plus naturelles, et que l'art a
moins contribué à les former. Ce qui est le
produit de la méditation et de l'exercice, en
un mot, ce qui est acquis, s'affoiblit plutôt
qu'il ne s'altère ; mais ce qui est don naturel,
et pour ainsi dire instinct, s'anéantit ou même
se déprave. Telle fut l'essence, tel fut à la

fin le sort des plus belles qualités de Corneille.
La nature lui donna la grandeur et la force ;
la nature les lui retira. Pendant quelque temps
encore, elles semblèrent lui être rendues pour
de rares et courts momens ; mais aux derniers
jours de sa carrière dramatique, il ne lui en
resta plus que le vain simulacre, formé dans
son esprit par une longue habitude.

Pertharite fut le premier signal de cette dé-
crépitude du génie de Corneille. Une situation
profondément tragique, dont l'élégant Racine
a fait la belle tragédie d'*Andromaque*, ne put
préserver de la chute la plus humiliante un
ouvrage où le seul talent de créer se faisoit
remarquer encore. Ici l'héroïsme des personnages commence à devenir bizarre, dur, et
même atroce. Ceux qui avoient applaudi avec
transport à la magnanimité vraie d'Auguste,
du vieil Horace et de Cornélie, se montrèrent
également justes en repoussant l'image d'une
reine, d'une mère idolâtre de son fils, qui,
voulant rendre odieux un tyran qu'elle hait,
consent à l'épouser pourvu qu'il égorge ce
même fils avant de la conduire aux autels.
Corneille fut trop affligé d'une disgrâce trop
méritée. On le vit, comme depuis on vit Racine, abandonner la scène pour ne s'y remon-

trer qu'après une longue absence ; mais ce
n'étoit pas la chute d'un chef-d'œuvre qui l'y
faisoit renoncer, et ce n'étoit pas avec un chef-
d'œuvre qu'il devoit y reparoître. Comme Racine encore, il alla chercher des consolations
dans le sein de la religion , et la poésie vint y
mêler les siennes. Le fruit de cette alliance fut
la traduction en vers de l'*Imitation de J. C.*
Ce livre s'étonna de voir la naïve et touchante
simplicité de sa prose remplacée par toute la
pompe et toute la recherche poétique. Durant
douze années , ce pieux travail et le succès
dont il fut couronné , versèrent un baume
adoucissant sur les blessures de l'amour-propre.
Elles furent entièrement fermées par l'accueil
favorable fait à *OEdipe* , que du moins Corneille n'eut pas le chagrin de voir bannir de
la scène par un *OEdipe* plus heureux. Ce ne
fut pas dans ce même *OEdipe* , comme il s'en
flattoit , ce fut vraiment dans *Sertorius* qu'il put
se trouver encore

La main qui crayonna
L'âme du grand Pompée et l'esprit de Cinna.

Sertorius fut la dernière apparition de son génie, fut son dernier triomphe. De ce moment,
les revers se suivirent sans interruption. La nature en Corneille étoit défaillante : il le sentoit

lui-même, l'avouoit quelquefois, et cependant luttoit sans cesse contre sa propre conviction. Tourmenté d'un faux besoin de produire, sorte d'irritation entretenue par la continuité du travail, il s'agitoit dans son impuissance, et recouroit involontairement aux moyens propres à l'exciter. Ce n'étoit plus le temps où les sujets noblement naturels servoient si heureusement son imagination. Des Romains de la république et du commencement de l'empire, il avoit passé aux Romains de l'Empire d'Orient; et la simplicité de ses intrigues, ainsi que la pureté de son style, sembloient s'être altérées à mesure que les mœurs de ses personnages étoient elles-mêmes devenues moins simples et moins pures. Ces ressources étant épuisées ou plutôt ne suffisant plus à cette excessive intensité de force dont son talent avoit contracté l'habitude, on le vit, dès *Pertharite*, abandonner les Romains pour passer dans le parti des Barbares qui avoient démembré leur empire. La grandeur outrée et l'énergie féroce des Lombards et des Huns plaisoient alors davantage à ce génie éteint qui cherchoit, pour ainsi dire, dans les monstruosités un remède à l'épuisement de ses forces. Il fit paroître *Attila*, et par une triste fatalité, la même année qui

voyoit Corneille tomber au plus bas degré de
son talent, voyoit Racine s'élancer tout d'un
coup à toute la hauteur du sien dans le chef-
d'œuvre d'*Andromaque*. Le public put se dire
alors comme l'un des deux monarques, suivans
d'Attila :

Un grand destin commence, un grand destin s'achève ;

Et comme le roi des Huns, il se déclara contre
Corneille déchu, en faveur de Racine qui venoit de s'élever. Ce n'étoit pas tout encore : il
fallut que l'auguste vieillard combattît corps à
corps avec son jeune émule et succombât sous
lui. Une princesse eut la noble fantaisie de voir
représenter sur le théâtre l'histoire secrète de
son cœur. Les deux maîtres de la scène, Corneille et Racine, furent chargés, à l'insçu l'un
de l'autre, de retracer les amours récentes de
Henriette d'Angleterre et de Louis XIV sous les
noms antiques de Bérénice et de Titus. Fontenelle appelle cette concurrence un *duel* ; mais,
convenons-en, ce duel ne fut pas réglé selon
toutes les lois de l'honneur. Dans un sujet tendre dont il falloit déguiser la foiblesse par une
élégance continue de style, Racine, à l'avantage de la jeunesse et de la force, joignoit l'avantage du terrain et des armes. Le vieux Cor-

neille fut vaincu : il ne pouvoit pas, comme un autre don Diègue, envoyer un autre Rodrigue combattre à sa place. Il fut humilié, il fut jaloux. Hélas! il avoit trop sujet de l'être. Quel homme, amant passionné de la gloire, et long-temps comblé de ses caresses, peut, d'un œil égal, la voir s'éloigner de lui pour voler dans les bras d'un jeune rival trop digne de ses faveurs? Celui qui s'est élevé au-dessus de l'humanité par ses talens, ne doit-il pas trouver de l'indulgence quand il s'en rapproche par ses foiblesses ? Mais terminons cet affligeant tableau ; hâtons-nous d'arriver à *Suréna*, dernier et malheureux effort d'un génie expirant. Corneille au moins eut le bonheur de terminer cet ouvrage par un de ses plus sublimes vers ; et comme il l'a dit d'un de ses plus grands héros :

Son dernier soupir fut un soupir illustre (1).

---

(1) Palmis, sœur de Suréna, de ce héros à qui son amour pour Euridice a coûté la vie, dit à cette princesse :

Quoi! vous causez sa perte et n'avez point de pleurs !

Euridice répond :

Non, je ne pleure point, madame, mais je meurs.

Et elle expire.

Il étoit réservé à Corneille de donner au monde littéraire un exemple qu'il n'avoit reçu de personne et que personne ne devoit prendre de lui, l'exemple d'un écrivain qui exerce envers lui-même les fonctions de juge, et instruisant sa propre cause avec toutes les lumières qu'on pouvoit attendre de lui seul, prononce avec toute l'impartialité qu'on pouvoit exiger d'un autre. Il est une orgueilleuse modestie qui veut se montrer supérieure aux petitesses de l'amour-propre : il est une fausse sincérité qui confesse hautement des torts légers ou brillans pour donner le change à la critique sur les fautes graves et humiliantes. C'est ainsi que l'homme médiocre est sincère, c'est ainsi qu'il est modeste ; ce n'est donc pas ainsi que Corneille devoit l'être. On sent dans chacun de ses *Examens* cette bonne foi, cette candeur d'un homme de génie, homme de bien, qui, pour son instruction et celle des autres, recherche ses erreurs sans sévérité affectée, comme sans indulgence secrète, et qui, sûr plutôt que fier de son mérite, ne s'estime pas moins parce qu'il a commis quelques fautes, ne s'estime pas plus parce qu'il en fait l'aveu. Corneille n'indique pas seulement les défauts de ses ouvrages ; il en remarque aussi les beautés, et il

ne met pas plus de vanité dans les éloges qu'il
se donne, que dans les reproches qu'il s'adresse.
Il se trompe quelquefois ; quelquefois il n'as-
signe point la véritable cause de ses disgrâces,
ou bien il se félicite de certaines inventions
moins heureuses qu'il ne l'imagine, et établit
entre les divers enfans de son génie un ordre
de prédilection que l'opinion publique n'a
point sanctionné. Mais ce sont - là des préven-
tions involontaires, et non pas des méprises
calculées : si de temps en temps le juge est
abusé, du moins il n'est jamais corrompu.

Vous qui suivez la carrière du théâtre, après
les chefs-d'œuvres de Corneille vous ne pouvez
rien lire qui vous soit plus profitable que ses
Examens, et surtout ses *Discours sur le Poëme
dramatique*. C'est-là que ce grand maître, devenu humble disciple d'Aristote et commenta-
teur de sa doctrine, propose modestement des
doutes, discute, éclaircit habilement des obs-
curités, concilie heureusement d'apparentes
contradictions, renonce franchement à expliquer ce qui est inexplicable, et enfin répand
sur la théorie de son art les lumières de quarante années d'expérience et de méditation.
Qu'ils rougissent ces écrivains novateurs et fac-
tieux dont la fortune ne peut s'élever qu'à la

faveur du désordre ; qu'ils rentrent en eux-mêmes en apprenant qu'un des premiers, un des plus puissans citoyens de la république des lettres, que Corneille, en un mot, qui, s'il en avoit eu la volonté, auroit eu la force de renverser les lois établies, les a constamment respectées, leur a toujours prêté l'appui de son illustre exemple, et, par un noble aveu, s'est puni lui-même de quelques infractions passagères, comme si déjà la gloire n'avoit pas pris soin de l'en absoudre.

Je vais passer des écrits de Corneille à sa personne ; mais je ne signalerai ce passage par aucun de ces mouvemens, de ces artifices oratoires à l'aide desquels on lie des objets de nature diverse. Le génie de Corneille et son caractère étoient de la même trempe. Développer celui-ci après avoir analysé l'autre, c'est toujours s'occuper de noble simplicité , d'élévation et de force : c'est toujours, pour ainsi dire, rester dans la même région d'idées et continuer à se servir du même langage. En lisant quelques traits de la vie de Corneille, on croiroit avoir retrouvé une page perdue de ce livre où Plutarque a peint, par leurs actions et leurs paroles, les hommes illustres de la Grèce et de Rome. Lorsque l'Académie envoya demander à

Corneille

Corneille, pour la critique du *Cid*, un consentement que ses statuts rendoient nécessaire : *La même raison*, répondit-il, *qui force l'Académie à l'entreprendre, m'empêche de m'y opposer.* Dans son apparente modération, cette réponse étoit la plus énergique protestation que l'on pût faire contre le despotisme d'un ministre tel que Richelieu. Ce même Richelieu et un autre personnage puissant (si quelqu'un pouvoit l'être après lui) parurent menacer les *Horaces* de la même persecution que le *Cid.* Corneille l'apprit et dit : *Horace fut condamné par les Duumvirs, mais il fut absous par le peuple.* Ce mot n'est pas la saillie d'un bel esprit français qui saisit un rapprochement ingénieux ; c'est le mouvement d'un Romain que la tyrannie et l'injustice révoltent. Corneille ressembloit encore aux anciens par cette franchise naïve qui lui faisoit déclarer hautement sa supériorité. L'orgueil antique a été remplacé par la vanité moderne, et celle-ci a inventé la fausse modestie. En forçant le mérite à se taire sur son propre compte, avons-nous fait autre chose que révéler nous-mêmes le secret de l'envie, cette plaie honteuse du cœur humain ? Etoit-ce le sentiment des bienséances blessé par un trait d'amour-propre un

D

peu étrange, n'étoit-ce pas plutôt l'envie irri-
tée par tout ce que cet amour-propre avoit de
légitime, qui soulevoit tant d'indignes rivaux
contre ce vers :

> Je ne dois qu'à moi seul toute ma renommée,

vers éminemment vrai , et qui ne l'étoit pas
moins pour avoir été fait par Corneille lui-
même ? Il ne l'eût peut-être pas fait, ce vers,
s'il eût été davantage de son siècle ; mais il n'en
avoit ni les idées, ni les mœurs. Habitant sa
ville natale, lié avec des hommes simples et
obscurs dont aucun n'a laissé son nom à la posté-
rité, renfermé dans son cabinet et s'y entourant
sans cesse des ombres vénérables de l'antiquité, il
travailloit pour la société sans la connoître, et
il n'étoit connu d'elle que par ses travaux. Seulement , chaque année , lorsqu'un nouveau
poëme étoit sorti de sa plume, il se rendoit au
sein de la capitale sans que rien y annonçât son
arrivée, sans que rien y marquât sa présence
qu'un grand succès ou quelquefois un grand
revers ; et bientôt après il reprenoit le chemin
de sa retraite, où le bruit de son nom le suivoit
à peine. Cet homme, qui prêtoit aux plus
grands héros le plus sublime langage, qui, dans
ses écrits, unissoit à l'imagination la plus féconde

le jugement le plus solide et souvent l'esprit le plus délicat, avoit la conversation stérile, commune et négligée. Quelquefois, pour se mettre à l'abri des dédains et des railleries de la futilité triomphante, il croyoit devoir se retrancher dans sa gloire, et il disoit, en souriant : *Je n'en suis pas moins Pierre Corneille.* Une tradition très-répandue rapporte qu'il avoit sa place marquée au théâtre, et que, dès qu'il y paroissoit, le public se levoit pour lui faire honneur. De telles distinctions accordées au génie ne sont point dans nos mœurs, et l'histoire en a été démentie. C'est toujours un mérite, c'est toujours une justice que de l'avoir imaginée. On peut ici nous appliquer ce mot d'un Spartiate dans une circonstance presque pareille : *Les Athéniens savent ce qu'il faut faire ; mais ils ne le font pas* (1). D'autres honneurs n'ont cependant point manqué à cet homme vraiment modeste qui n'en ambitionnoit aucun. Le grand Condé versant des larmes à la représentation de *Cinna ;* Turenne s'écriant à celle de *Sertorius : Où donc Corneille a-t-il appris l'art de la guerre* (2) ? Grammont disant haute-

----

(1) *Valer. Max.*, lib. IV, cap. V.

(2) Voltaire a nié ce fait. Suivant lui, Turenne auroit

ment que *ses ouvrages devroient être le bré-
viaire des rois*, et Louvois, qu'*il faudroit un
parterre de ministres d'état pour les juger dignement* : voilà de glorieux, d'éclatans hom-
mages qui étoient bien propres à consoler Corneille de l'indifférence du public, des froideurs
de la cour et des lâches fureurs de ses ennemis.
Il avoit une source de consolations plus douce
encore et surtout plus durable dans la tendre
amitié qui l'unissoit à son frère. Cette amitié
n'eut d'autre commencement, n'eut d'autre
fin que celle de leur vie. L'un d'eux étoit
appelé dans le monde *le grand Corneille :* ce
surnom, qui les distinguoit l'un de l'autre d'une
manière si inégale, tous deux l'oublioient dans
leur commerce intime, et ce n'étoit pas, à
celui qui en étoit décoré que cet oubli faisoit le plus d'honneur. Les deux frères ayant
épousé les deux sœurs, entre qui se trouvoit la
même différence d'âge qu'entre eux-mêmes, ne

---

dit une puérilité dont il étoit incapable. C'est là un petit
exemple de ce scepticisme dont on lui a reproché
l'exagération. Sans doute Turenne ne croyoit pas que
Corneille en sût autant que lui sur la guerre; mais il a
pu s'étonner de ce qu'il en parloit si juste en beaux
vers, et témoigner son étonnement par l'exclamation
naïve qu'on lui attribue.

formèrent qu'une seule maison, un seul mé-
nage. Cette touchante association qui subsista
vingt-cinq ans, ne fut dissoute que par la mort
de Pierre Corneille. Ce fut dans la soixante-dix-
huitième année de son âge, après avoir quelque
temps survécu à lui-même, que mourut ce grand
homme dont le nom et les ouvrages ne périront
jamais.

Ombre auguste et révérée! permets qu'avant
de finir ma foible voix t'adresse quelques mots.
Jusqu'ici j'ai semblé circonscrire ta gloire dans
l'art du théâtre, cet art que tu as créé tout entier
parmi nous, et dont la perfection a été l'effet
de tes exemples, quand elle n'a pas été l'ouvrage
de ton génie. Mais combien je manquerois de
justice ou de lumières, si je méconnoissois la
puissante et salutaire influence que tes écrits
ont exercée sur l'esprit humain! Tu fus un de
nos premiers maîtres dans le grand art de penser.
Tandis que Descartes, créant de nouveau l'en-
tendement et asseyant l'édifice de nos idées
et de nos connoissances sur la solide base du
doute, s'élançoit et quelquefois s'égaroit, hors
de la portée des yeux vulgaires, dans les plus
hautes régions de la philosophie; mêlant aux
fictions sublimes de ton imagination les maximes
éternelles de la raison et de la morale, les per-

sonnifiant en quelque sorte et les mettant en action sur la scène, tu les rendois populaires, tu faisois plus, tu les rendois aimables. En élevant l'homme au-dessus de ce qu'il est, mais non pas au-dessus de ce qu'il pourroit être, tu enflammois son cœur d'une généreuse émulation, tu y déposois de grands exemples qui pouvoient être le germe de grandes actions. Ce fut toi qui créas la véritable éloquence, celle qui se compose des mouvemens naturels de l'âme, des efforts judicieux de l'esprit, et de ces expressions simples, nobles et fortes dont les belles pensées naissent revêtues. Cette langue même qu'on t'accuse avec raison d'avoir quelquefois négligée, que d'importans services ne lui as-tu point rendus ! Subjuguée par ton fier génie, obligée de le suivre à travers le vaste champ de toutes les idées, de tous les sentimens, quelle vigueur, quelle précision, quelle souplesse, quelle variété de mouvemens n'a-t-elle pas acquises dans ces mâles exercices ! Le goût et la grâce ont embelli depuis l'ouvrage de ta force. Puissent-ils n'avoir pas à se reprocher de l'avoir un peu affoibli !

Tes chefs-d'œuvres firent l'admiration, les délices d'un beau siècle que tu avois formé par eux. Le siècle suivant vit une longue époque

de dégénération morale, où nos âmes avoient
perdu tout ressort, où les lettres et les arts, en-
traînés par les mœurs dans une décadence
commune, flattoient par des productions bizarres, futiles ou indécentes, les dégoûts de la
satiété et les caprices de la corruption. Alors les
beautés mâles et austères de tes écrits furent
trouvées rudes et sauvages par des spectateurs
amollis ; ton théâtre fut déserté ; ta gloire même
devint un problème. Une révolution dont les
excès ont épouvanté la terre, et les prodiges
l'ont souvent étonnée, menaçant de dénaturer
à jamais notre caractère, n'a heureusement fait
que le retremper. De ces longues dissensions
publiques pendant lesquelles, comme les Romains sous le second triumvirat, nous *combat-
tions seulement pour le choix des tyrans* (1), il
nous est resté un goût innocent, un goût plus
vif pour ces belles scènes de délibération politique où ton génie excelle. Encore émus des
mêmes intérêts qu'elles agitent, notre souvenir
reconnoît de terribles réalités où notre esprit
n'appercevoit jadis que d'imposantes fictions.
Rendus à tous les sentimens généreux, avec quels
nouveaux transports n'applaudissons-nous pas

____

(1) Vers de *Cinna*.

à l'image que tu nous en retraces ! Ah! conser-
vons toujours ce noble et pur enthousiasme.
Honte, malheur à la nation dégradée qui ne
palpiteroit plus d'admiration devant tes sublimes
tableaux ! Mais ce n'est plus nous qu'un tel
avilissement menace. L'héroïsme et l'honneur
vivront éternellement dans le cœur du Français ; et s'ils pouvoient jamais s'y éteindre, tes
immortels écrits serviroient à les y rallumer.

F I N.